Le métier de styliste te passionne
Voici un carnet avec des croquis à colorier, ou à
customiser avec plumes, paillettes, tissus ou
autres pour faire naître une superbe collection
digne des plus grands.
Tu pourras ensuite habiller des modèles

Originalité, créativité, passion

Carnet de mode de:

____

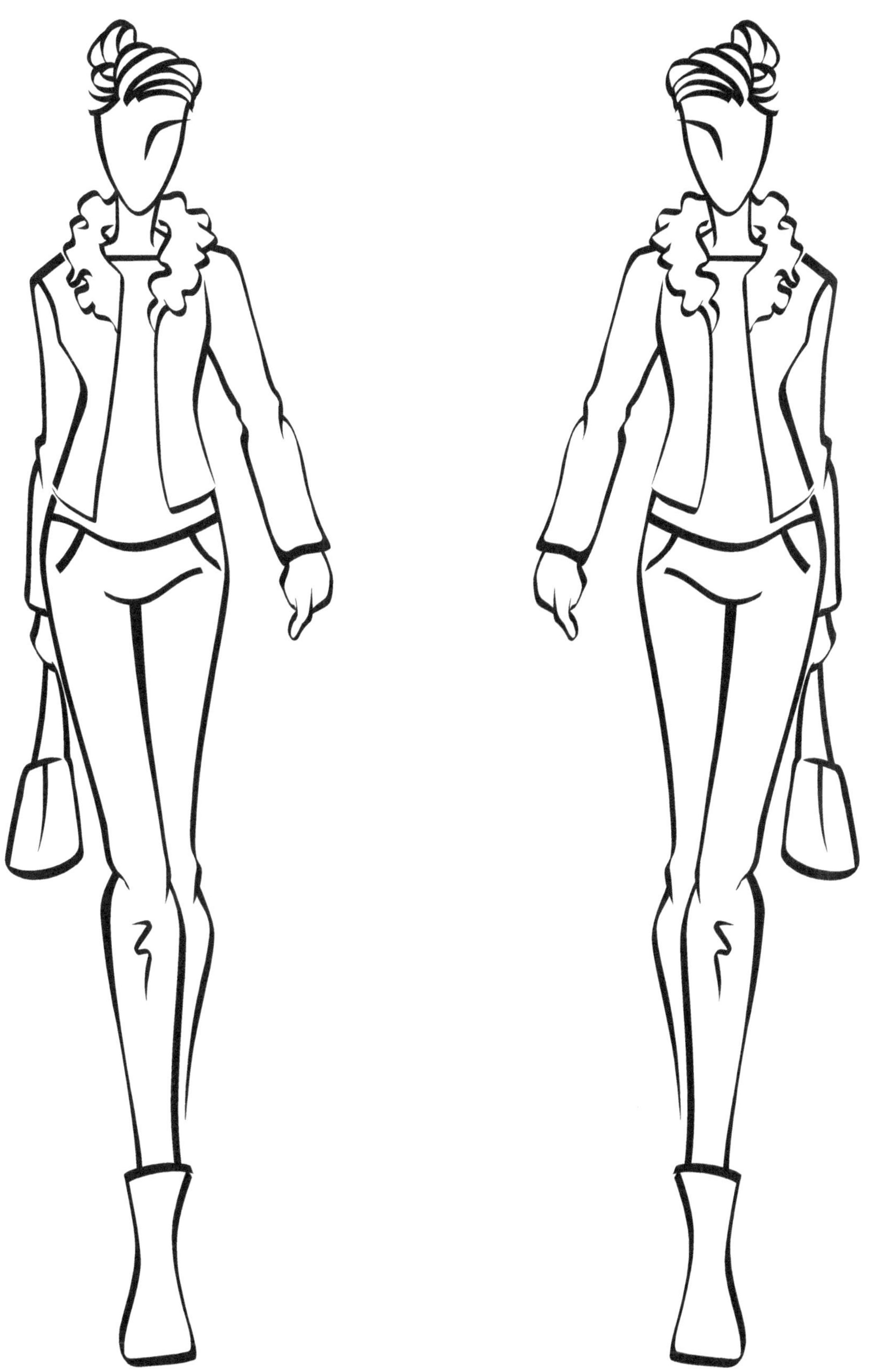

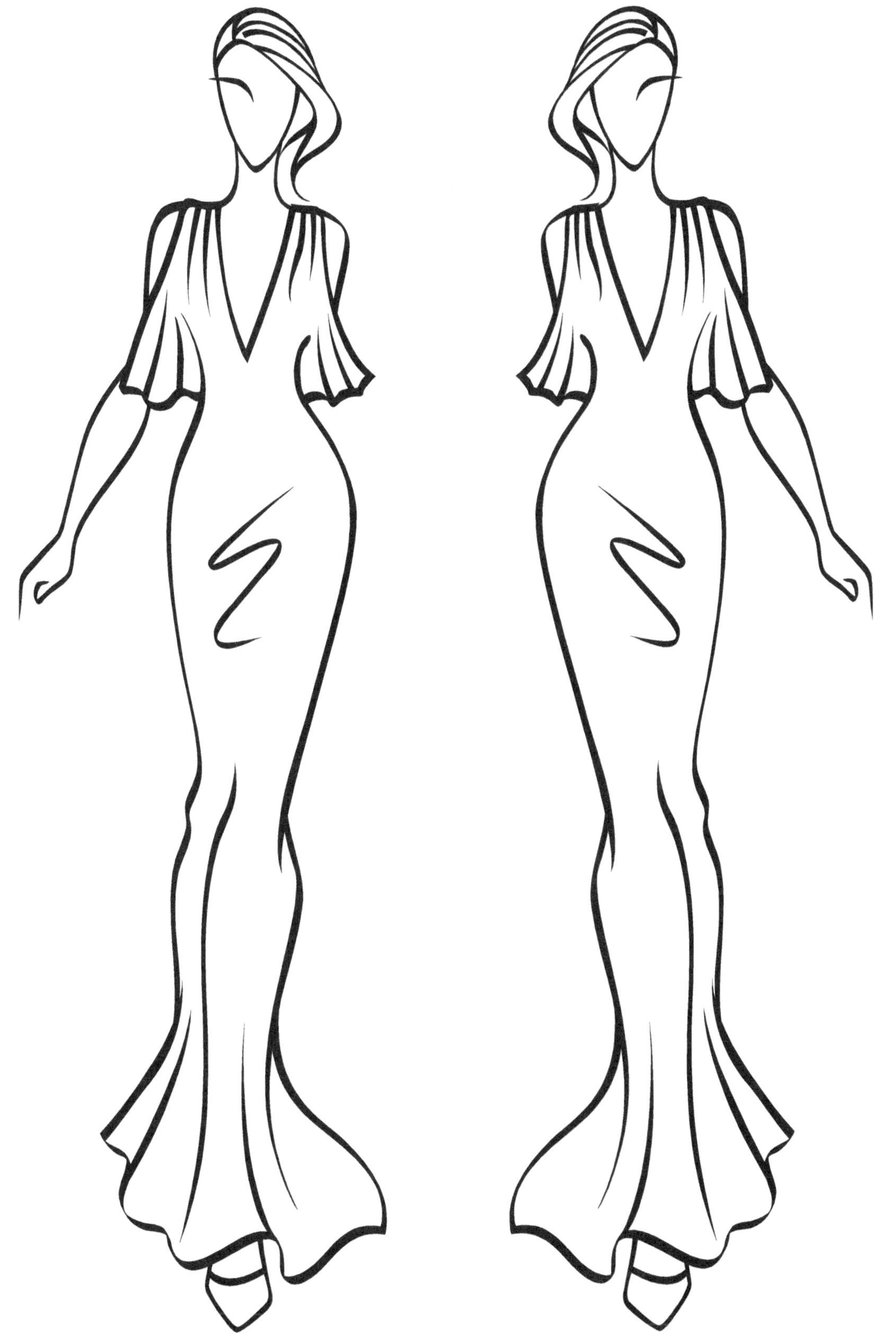

Le coin des garçons

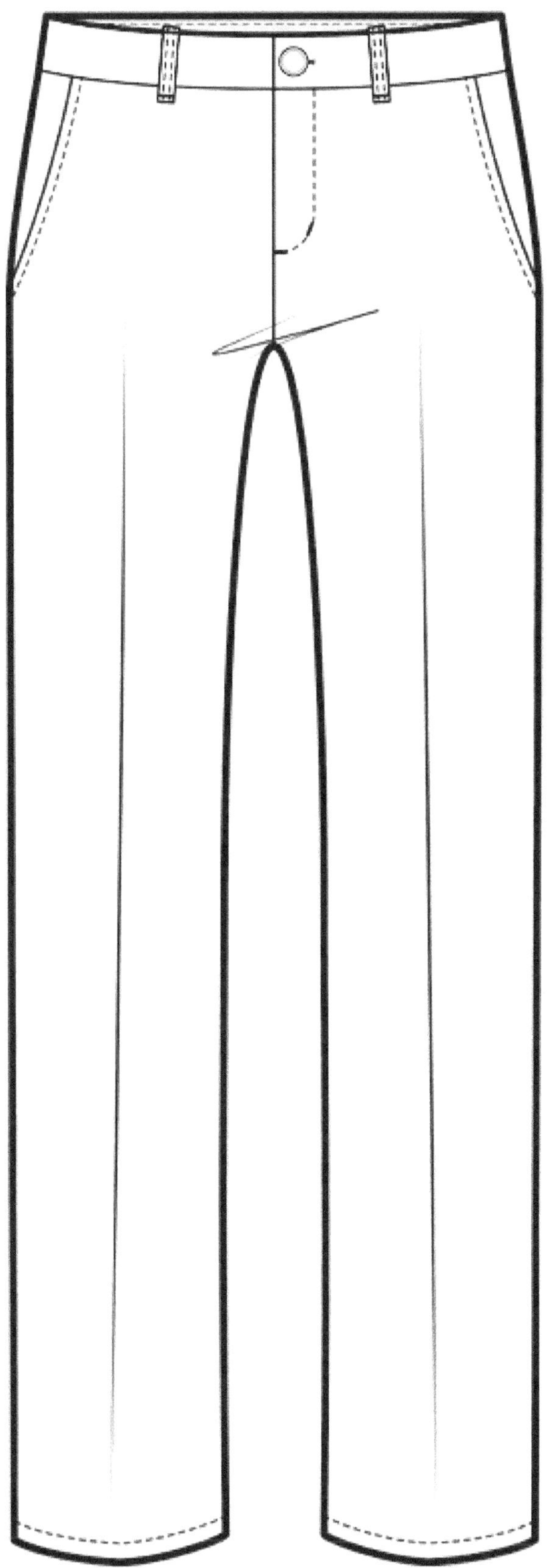

Robe

de mariée

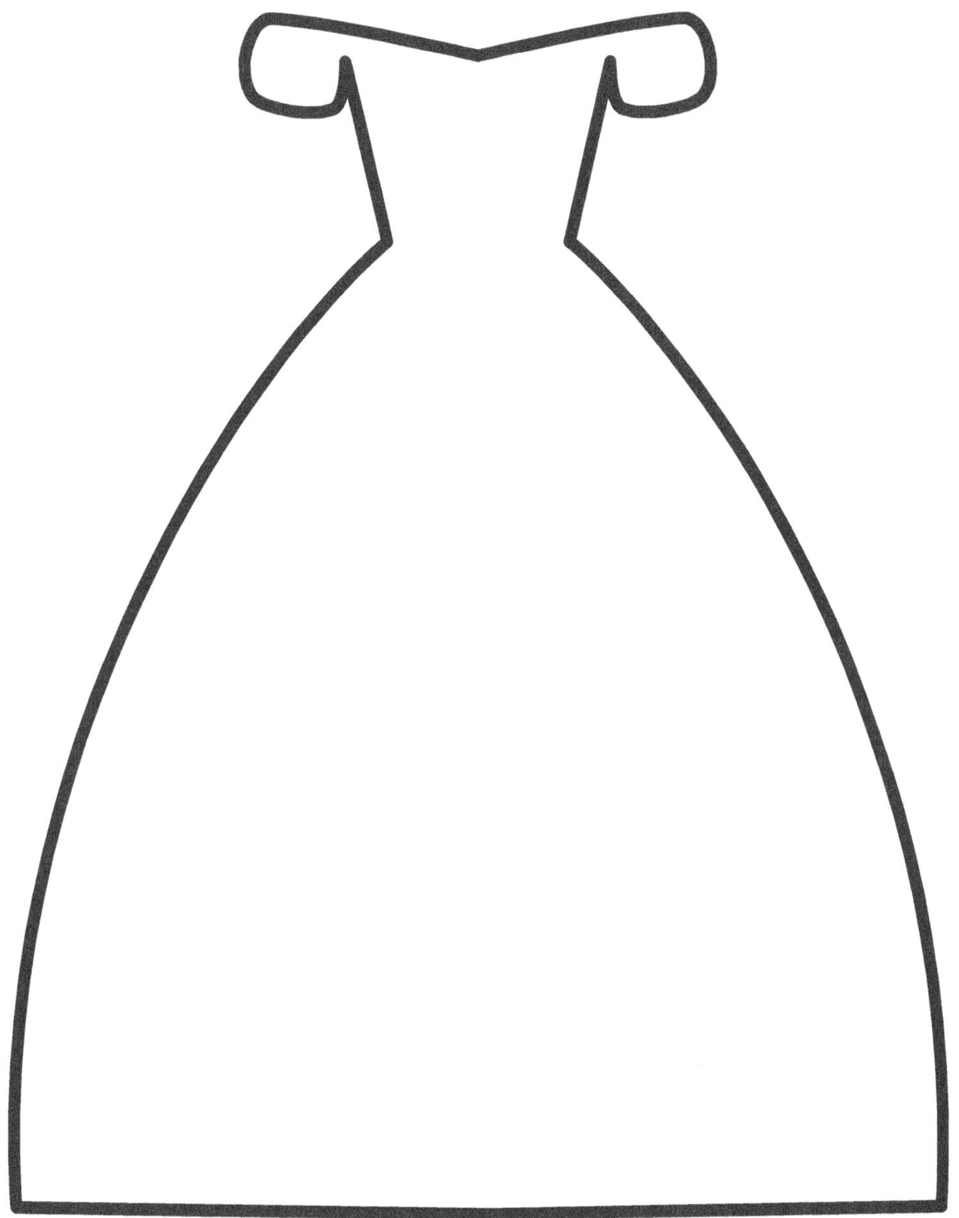

Ta robe de mariée

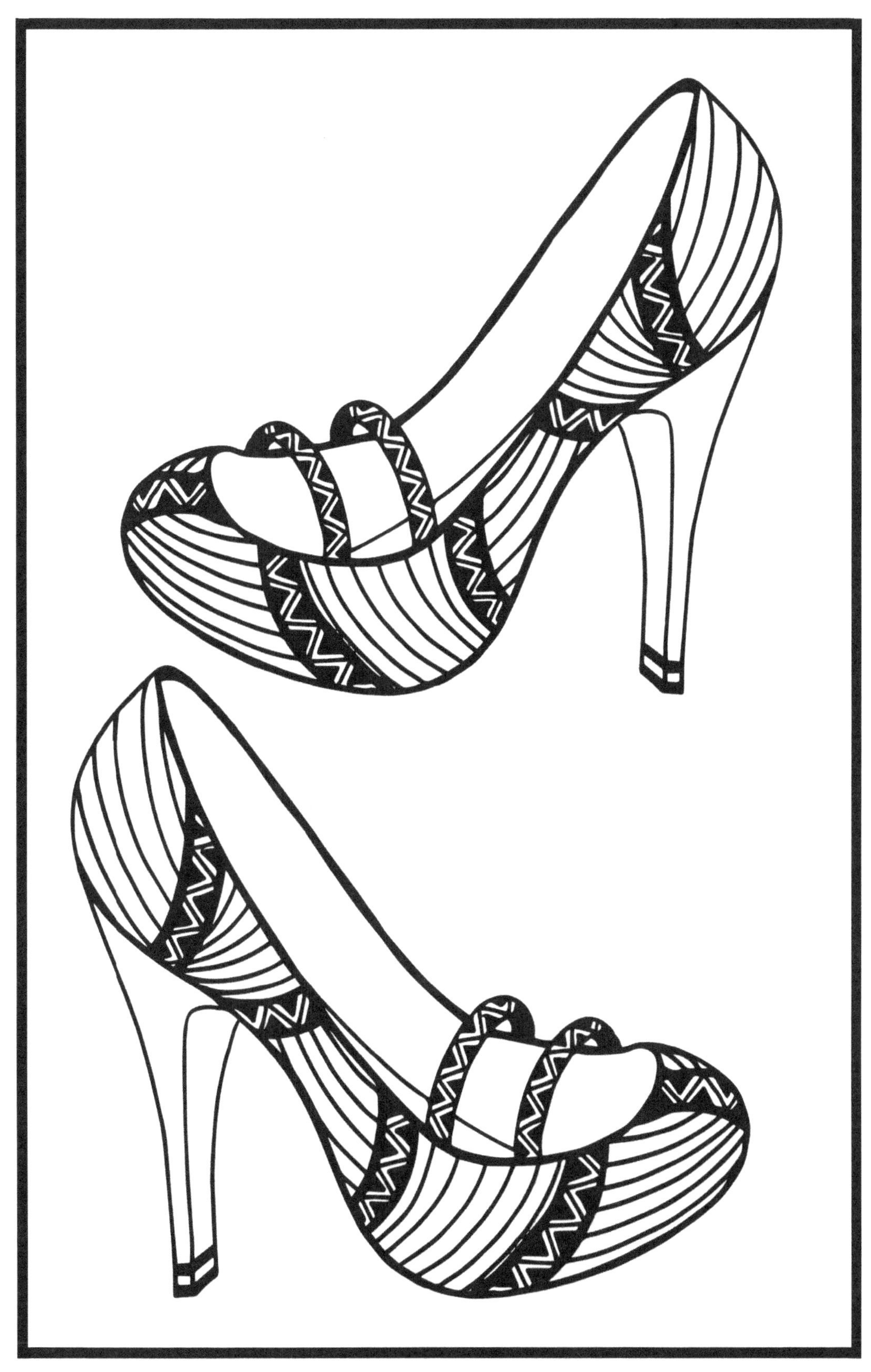

Collection sacs

Entraine toi avec les modèles et crée ta propre collection

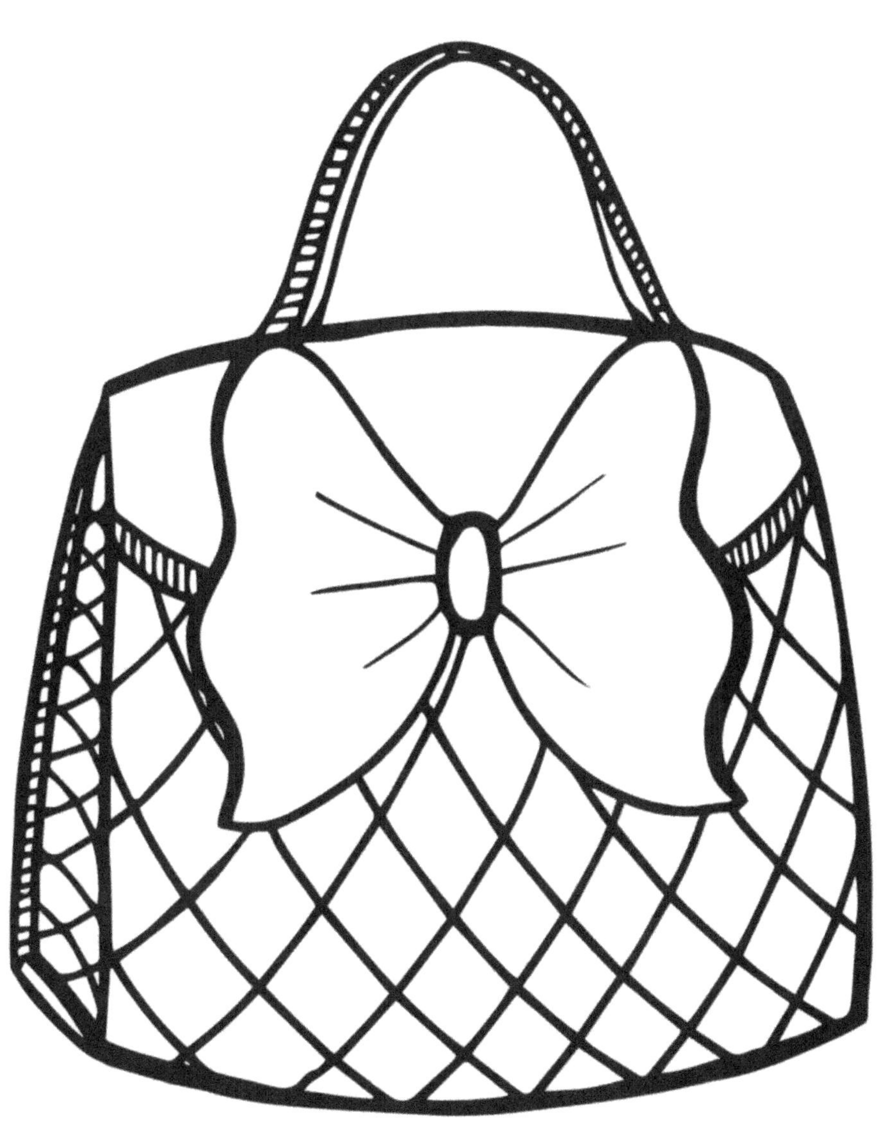

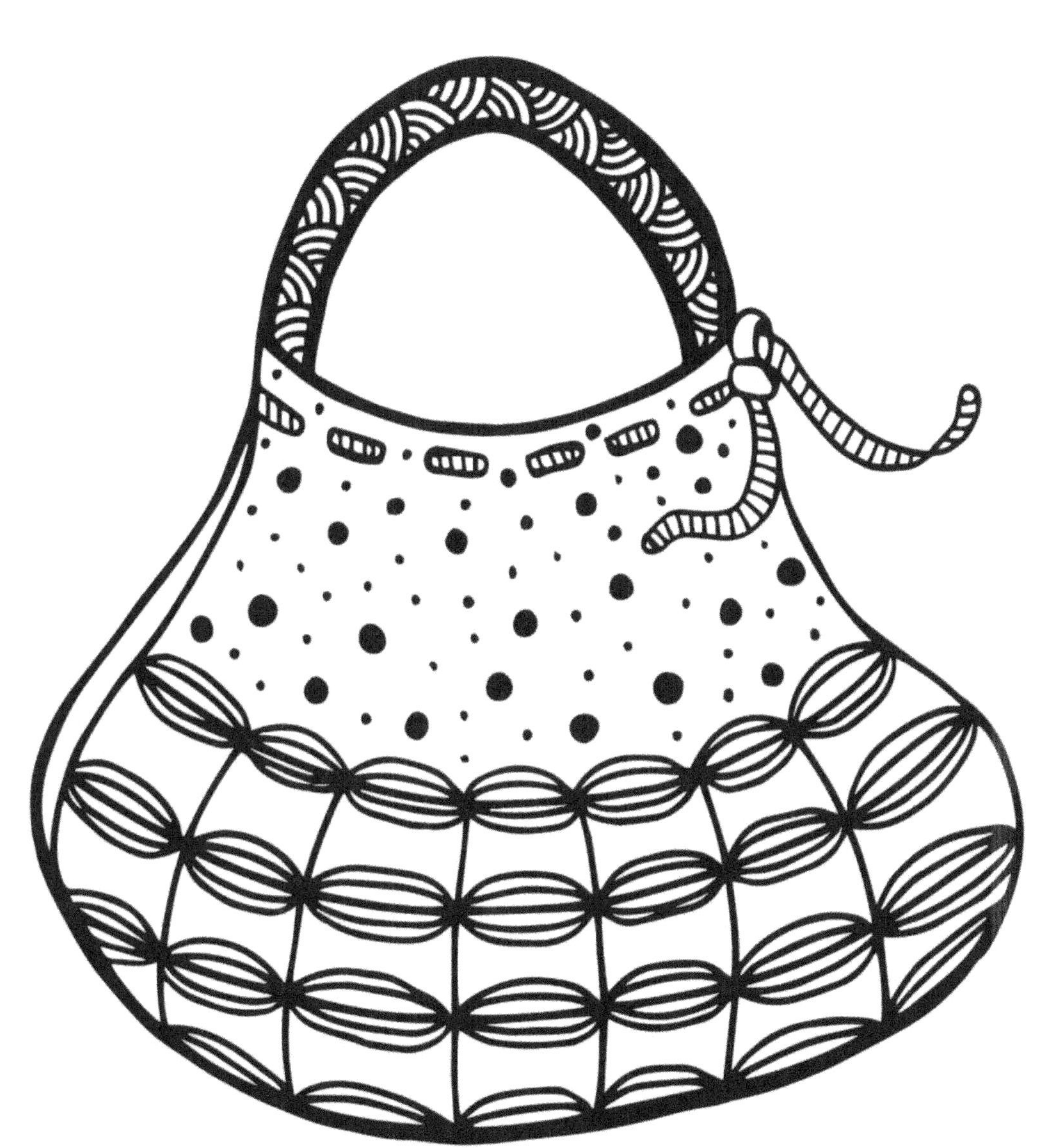

Habille les mannequins et crée ta propre collection

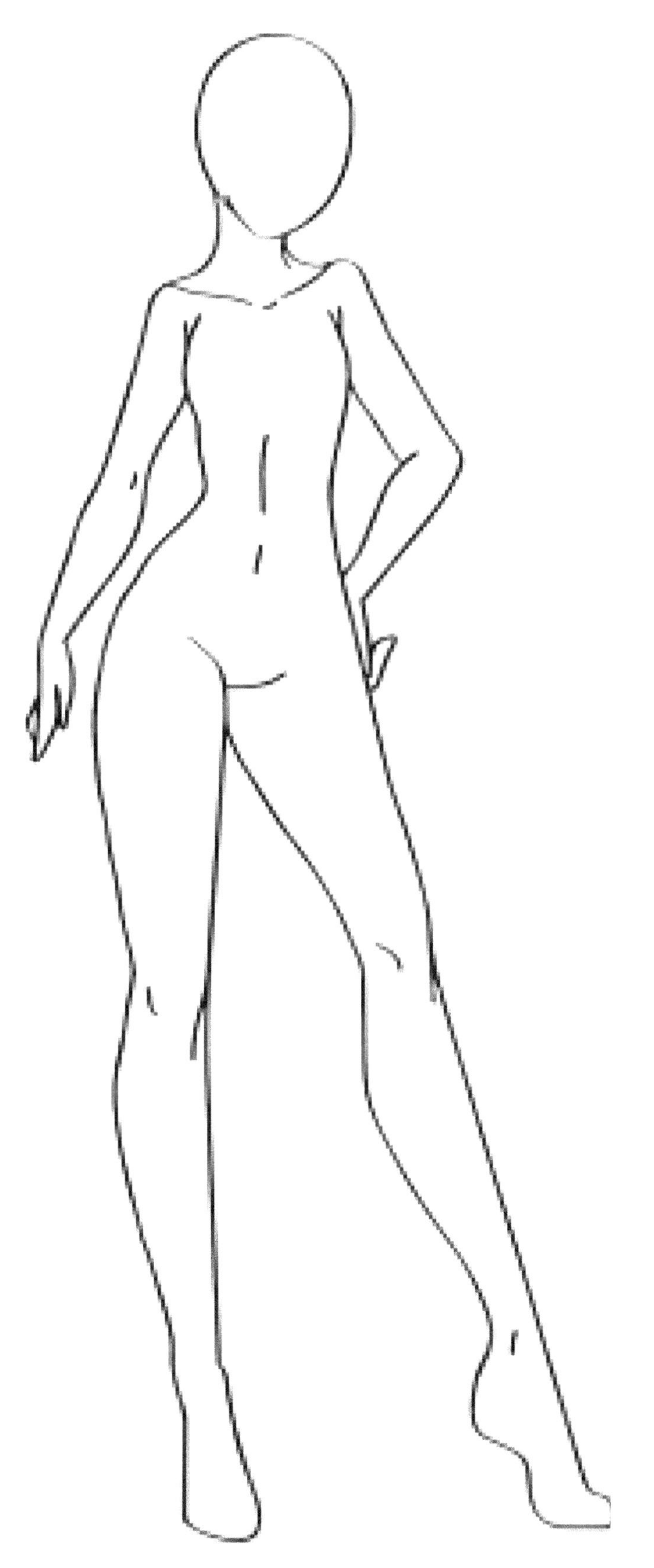

je voudrais
un super
look

une petite
robe

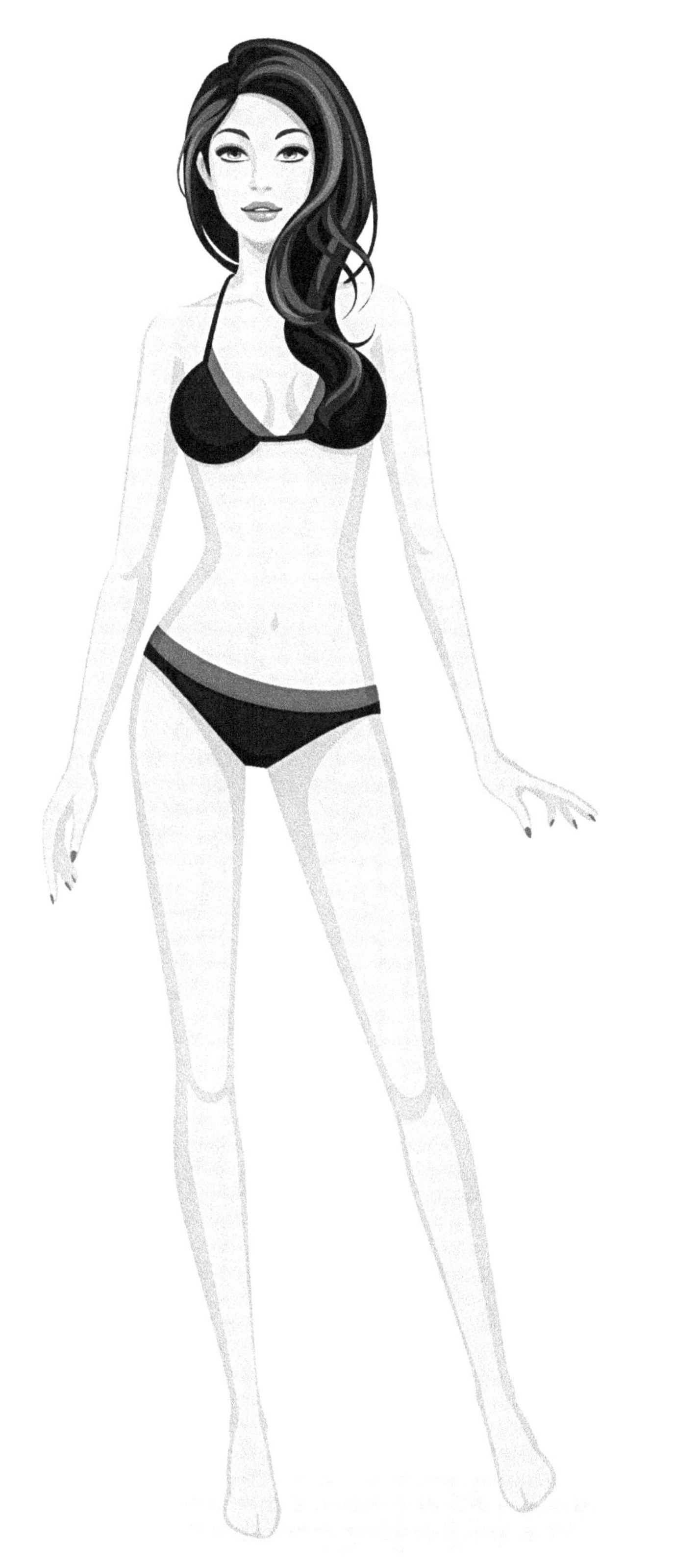

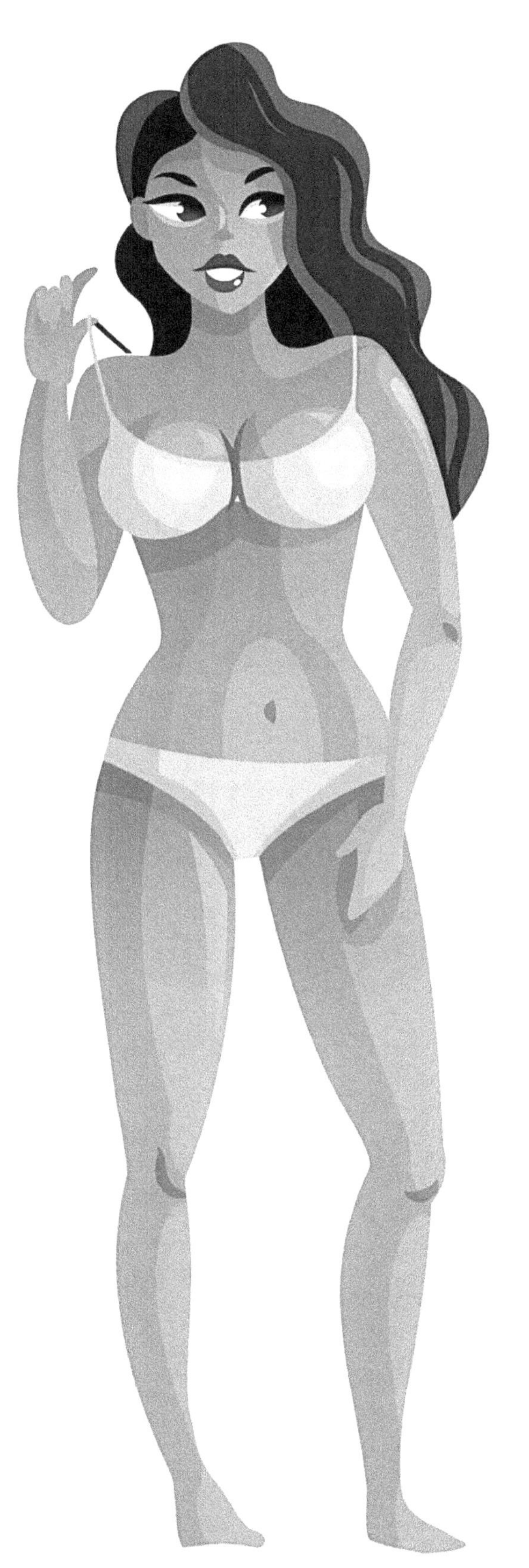

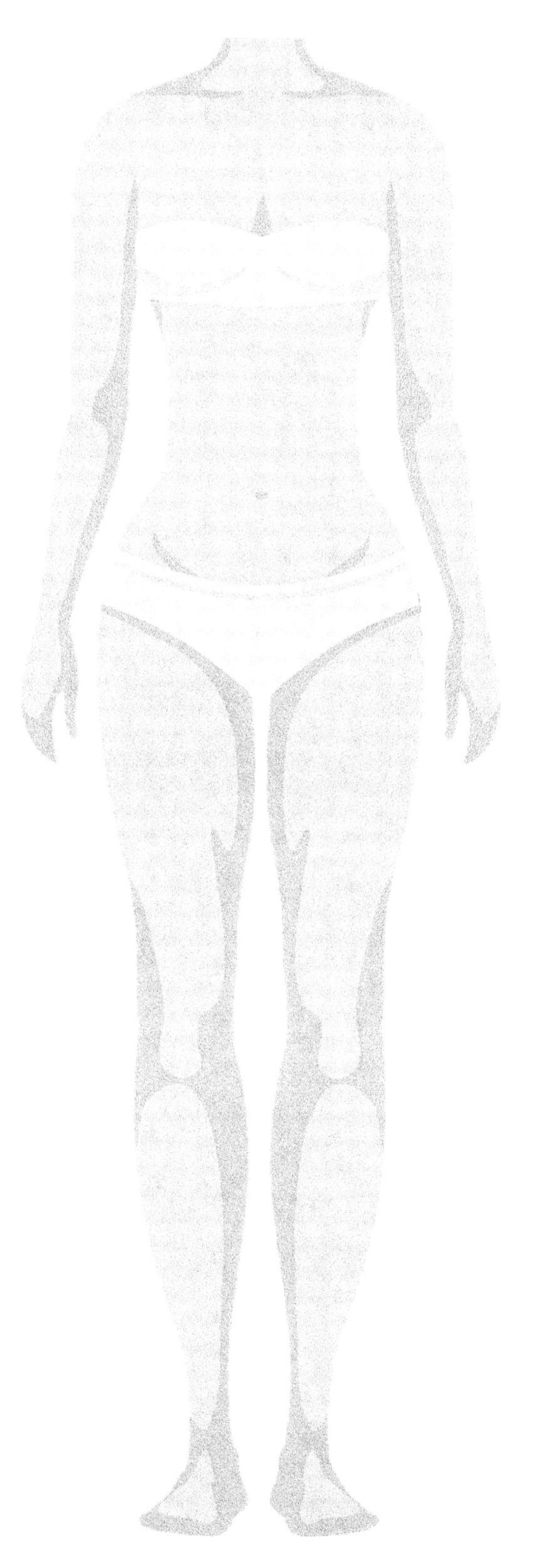